BEI GRIN MACHT SICH IHR WISSEN BEZAHLT

AF167017

- Wir veröffentlichen Ihre Hausarbeit, Bachelor- und Masterarbeit

- Ihr eigenes eBook und Buch - weltweit in allen wichtigen Shops

- Verdienen Sie an jedem Verkauf

Jetzt bei www.GRIN.com hochladen und kostenlos publizieren

Bibliografische Information der Deutschen Nationalbibliothek:

Die Deutsche Bibliothek verzeichnet diese Publikation in der Deutschen National-bibliografie; detaillierte bibliografische Daten sind im Internet über http://dnb.d-nb.de/ abrufbar.

Impressum:

Copyright © 2019 GRIN Verlag
Druck und Bindung: Books on Demand GmbH, Norderstedt Germany
ISBN: 9783346191526

Dieses Buch bei GRIN:

https://www.grin.com/document/899390

Lukas Palutzki

Die Rolle des römischen Volkes bei der Kaiserkrönung Ludwigs IV. 'des Bayern'

GRIN Verlag

GRIN - Your knowledge has value

Der GRIN Verlag publiziert seit 1998 wissenschaftliche Arbeiten von Studenten, Hochschullehrern und anderen Akademikern als eBook und gedrucktes Buch. Die Verlagswebsite www.grin.com ist die ideale Plattform zur Veröffentlichung von Hausarbeiten, Abschlussarbeiten, wissenschaftlichen Aufsätzen, Dissertationen und Fachbüchern.

Besuchen Sie uns im Internet:

http://www.grin.com/

http://www.facebook.com/grincom

http://www.twitter.com/grin_com

Rheinische Friedrich-Wilhelms-Universität Bonn

Institut für Geschichtswissenschaft

Abteilung für Mittelalterliche Geschichte

Die Rolle des römischen Volkes bei der Kaiserkrönung Ludwigs IV. ‚des Bayern'

Hausarbeit

Im Rahmen der Übung

„Kir Royal + Bavaria Blues: Die Herrschaft Kaiser Ludwigs IV. ‚des Bayern'"

Sommersemester 2019

Lukas Palutzki

4. Fachsemester

Geschichtsstudium auf Lehramt

Inhaltsverzeichnis

1. Einleitung 1

2. Die Rolle des römischen Volkes bei der Kaiserkrönung Ludwig IV. 3

   2.1 Aktive Rolle des römischen Volkes bei der Kaiserkrönung Ludwig IV. 4

      2.1.1 Die Nuova Chronica Giovanni Villanis. 4

      2.1.2 Die Chronica Ludovici imperatoris quarti 6

   2.2 Passive Rolle des römischen Volkes bei der Kaiserkrönung Ludwig IV. 7

      2.2.1 Thesen von Heinz Thomas und Michael Menzel 7

      2.2.2 These von Frank Godthardt 9

3. Schlussbetrachtungen 12

4. Quellen- und Literaturverzeichnis 14

   4.1 Quellenverzeichnis. 14

   4.2 Literaturverzeichnis 14

1. Einleitung

„Ea propter sinceritati vestre ad iocunditatis cumulum nonciamus, quod serenissimus princeps et dominus noster dominus Ludovicus divina favente clemencia Romanorum imperator et semper augustus et inclita Romanorum imperatrix isto dominico mane per Romanum populum iuxta ritum antiquum in basilica sancti Petri de Urbe cum mirifico veneracionis et honorifficencie cultu imperiali sunt diademate coronati."[1]

Dies ist eine Passage aus einem Rundschreiben Castruccio Castracanes, des Herzogs von Lucca und einer der wichtigsten Verbündeten Ludwigs IV. ‚des Bayern' in Italien, an die Städte Oberitaliens. Dieser Brief wurde am Krönungstag den 17. Januar 1328 verfasst und ist die der Kaiserkrönung zeitlich nächste überlieferte Quelle.[2] Castruccio nennt in seiner Benachrichtigung keine weiteren Einzelheiten zum eigentlichen Krönungsprozess. Jedoch betont er, dass die Kaiserkrönung *iuxta ritum antiquum* vollzogen worden sei. Der Leser erfährt nichts Genaueres über Ludwigs Koronatoren, nur dass das römische Volk innerhalb des Krönungsprozesses eine Rolle spielt. Doch was ist damit gemeint und was bedeutet dieser Hinweis? Wer führte die Krönung Ludwigs IV. durch? Warum war das römische Volk mit der Krönung eines Exkommunizierten einverstanden? Inwieweit orientierte sich die Kaiserkrönung an einem Kaiserkrönungsordo? Ist die zweite Krönung durch den erhobenen Gegenpapst Nikolaus V. ein Beweis dafür, dass die Kaiserkrönung vom 17. Januar 1328 ohne Beteiligung des Papstes ungültig war?

Die Forschung findet unterschiedliche Antworten auf diese Fragen, welche in dieser Hausarbeit näher beleuchtet werden.

Diese Hausarbeit legt ihren Fokus allein auf die Kaiserkrönung am 17. Januar 1328. Ludwig befand sich vom März 1324 bis zu seinem Tod 1347 im Kirchenbann. Auf die Exkommunikation antwortete Ludwig bereits im Mai 1324 mit der Sachsenhäuser Appellation, in welcher er Papst Johannes XXII. die Rechtmäßigkeit seines Pontifikats absprach. Ludwig begann eine etwa sechs Jahre dauernde „Radikalpolitik", die während seines Italienzuges (Januar 1327 bis Januar 1330[3]) in der Absetzung des Papstes am 18. April 1328 ihren Höhepunkt erreichte.[4] Die folgende Einsetzung des Gegenpapstes Nikolaus V. am 12. Mai und die Krönung zum Kaiser durch Nikolaus V. werden in dieser Hausarbeit nicht ausführlich themati-

---

[1] MGH Const. 6/1, Nr. 383, S. 286.

[2] Vgl. Godthardt, Marsilius von Padua und der Romzug Ludwigs des Bayern, S. 236. In der Literatur werden zwei verschiedene Schreibweisen des Nachnamens Castruccios verwendet. Diese Hausarbeit orientiert sich an der Schreibweise Godthardts (Castracane).

[3] Für eine Zusammenfassung des Italienzuges vor und nach dem 17. Januar 1328 siehe Berg, Der Italienzug Ludwigs des Bayern, S. 142-197. Pauler, Die deutschen Könige und Italien im 14. Jahrhundert, S. 144-164. Menzel, Die Zeit der Entwürfe 1273-1347, S. 164-176. Thomas, Ludwig der Bayer (1282-1347), S. 193-225.

[4] Vgl. Moeller, Ludwig der Bayer und die Kurie im Kampf um das Reich, S. 53.

siert. Lediglich die Frage, ob Ludwigs Kaiserkrönung vom 17. Januar 1328 aufgrund der Abwesenheit des Papstes ungültig war, wird in dieser Hausarbeit erörtert werden.

In der Forschung herrscht Uneinigkeit über die Rolle des römischen Volkes bei der Kaiserkrönung Ludwigs im Januar 1328. Berufen wird sich in der Literatur in erster Linie auf entsprechende Abschnitte innerhalb der *Nuova Cronica*[5] Giovanni Villanis, einem italienischen Historiker des 13. und 14. Jahrhunderts. Zuletzt wurden die Quellen von Ludwigs Kaiserkrönung in der Dissertation Frank Godthardts an der Universität Hamburg im Wintersemester 2007/2008, welche in überarbeiteter Fassung vorliegt[6], analysiert. Er kam zu dem Ergebnis, dass die Rolle des römischen Volkes in vielen historischen Werken überschätzt wurde. Allerdings ist nicht von der Hand zu weisen, dass dem römischen Volk anlässlich der Kaiserkrönung Ludwigs, an welcher Papst Johannes XXII. nicht beteiligt war, eine gewisse Rolle zukam.

Im Rahmen dieser Hausarbeit werden zwei unterschiedliche Auffassungen zur Frage des Umfangs der Beteiligung des römischen Volkes anlässlich der Kaiserkrönung vom 17. Januar 1328 untersucht:

Teilweise wird in der Forschung eine konkret aktive Rolle des römischen Volkes während der Zeremonie angenommen. In der Rolle des Koronators haben ein oder mehrere Vertreter des römischen Volkes die Krönung in Abwesenheit des Papstes vorgenommen.[7]

Andere Historiker, unter anderem Godthardt, sehen das römische Volk eher als während der Krönung lediglich passive Anwesende.[8]

---

[5] Villani, Nuova Cronica libro undecimo.
[6] Godthardt, Marsilius von Padua und der Romzug Ludwigs des Bayern.
[7] Dieser Ansicht sind Berg, Der Italienzug Ludwigs des Bayern, S. 170. Moeller, Ludwig der Bayer und die Kurie im Kampf um das Reich, S. 56. Pauler, Die deutschen Könige und Italien im 14. Jahrhundert, S. 155.
[8] Dieser Ansicht sind Godthardt, Marsilius von Padua und der Romzug Ludwigs des Bayern, S. 236-311. Menzel, Die Zeit der Entwürfe 1273-1347, S. 172. Schwarz, Abkehr vom päpstlichen Krönungsanspruch, S. 131 f. Thomas, Ludwig der Bayer (1282-1347), S. 206 f.

2. Forschungsergebnisse zur Rolle des römischen Volkes bei der Kaiserkrönung Ludwigs IV.

Zum ersten Mal erwähnt wird eine mögliche Beteiligung des Römischen Volkes an der Kaiserkrönung Ludwigs IV. in einem Schreiben von 20. Juni 1327, in dem Ludwig seinem Schwiegervater Wilhelm von Hennegau über seine Mailänder Erlebnisse berichtet. Gemäß seinem Bericht haben er und seine Gemahlin Margarethe von Hennegau eine Einladung der Stadt Rom erhalten um dort die Kaiserkrone zu empfangen.[9]

Castruccio Castracane betont in seinem zu Beginn dieser Arbeit zitierten Rundschreiben an die Städte Oberitaliens, die Kaiserkrönung sei „iuxta ritum antiquum" vollzogen worden. Doch was ist damit gemeint und worauf genau bezieht sich Castruccios Hinweis?

In der Forschung sind hierzu zwei unterschiedliche Interpretationen entwickelt worden: Gemäß einer Interpretation könne Castruccio mit dieser Passage so verstanden werden, dass Ludwig, wie es antiker Brauch war, vom römischen Volk gekrönt worden sei. Beschrieben werde also eine aktive Rolle des römischen Volkes bei der Kaiserkrönung. [10] Gemäß einem anderen Interpretationsansatz könne die Beschreibung Castruccios so verstanden werden, dass die Kaiserkrönung in Anwesenheit von bedeutenden Vertretern des römischen Volkes bis zu einem gewissen Punkt einem mittelalterlichen Krönungsritus gefolgt sei.[11] Lediglich der traditionell als Koronator fungierende Papst, zu dieser Zeit Johannes XXII., sei der Kaiserkrönung aufgrund eines jahrelangen Konfliktes mit Ludwig[12] ferngeblieben und habe die Kaiserkrönung des Bayern untersagt. Gemäß dieser Interpretation charakterisiert Castruccio die Rolle des römischen Volkes also nicht eindeutig als aktiv oder passiv.

Die Vorraussetzung für eine möglicherweise bedeutende Rolle des Römischen Volkes während der Kaiserkrönung war nicht zuletzt durch die Verlegung des apostolischen Stuhles von Rom nach Avignon geschaffen worden. Aufgrund der Abwesenheit des Papstes Johannes XXII. von der Stadt Rom kann nach dem Bonner Historiker Heinz Thomas nicht bezweifelt werden, dass „die konstitutive Basis der Stadt Roms, nämlich die Stadt Rom und ihr Volk, [...] in sehr viel auffälligerer Weise in Erscheinung treten konnte als je zuvor"[13].

---

[9] Thomas, Ludwig der Bayer (1282–1347), S. 200 f.
[10] Vgl. Godthardt, Marsilius von Padua und der Romzug Ludwigs des Bayern, S. 237.
[11] Vgl. Godthardt, Marsilius von Padua und der Romzug Ludwigs des Bayern, S. 237.
[12] Siehe zu dem Konflikt Ludwig des Bayern mit der Kurie
Moeller, Ludwig der Bayer und die Kurie im Kampf um das Reich.
[13] Thomas, Ludwig der Bayer (1282–1347), S. 208.

In beiden möglichen Interpretationsweisen von Castruccios Brief erscheint die Rolle des römischen Volkes als „nicht dem alten Brauch gemäß". In dem Brief Castruccios ist vielmehr ein deutlicher Hinweis auf die Rolle des römischen Volkes als neues Element anlässlich Ludwigs Kaiserkrönung erkennbar. Keine andere Quelle weist so ausdrücklich auf neue Elemente in der Kaiserkrönung Ludwigs ‚des Bayern' hin.[14] Welche konkrete Rolle das römische Volk angenommen hat bleibt unbeantwortet.

Die Forschungsergebnisse zu dieser Fragestellung werden im Folgenden zusammengetragen. In der Folge führt dies dann auch zu der Beantwortung der eingangs aufgeworfenen Fragen.

2.1 Aktive Rolle des römischen Volkes bei der Kaiserkrönung Ludwigs IV.

Über die Krönung vom 17. Januar 1328 gibt es kein Protokoll.[15] Von den vielen zeitgenössischen Chroniken, die die Kaiserkrönung Ludwigs ‚des Bayern' erwähnen, berichten ein entsprechender Abschnitt der *Nuova Chronica*[16] des Florentiners Giovanni Villani und die aus Bayern stammende *Chronica Ludovici imperatoris quarti*[17] über Einzelheiten des Verlaufes der Krönungsfeierlichkeiten. Bei der Auswertung dieser Quellen ist allerdings stets der subjektive Standpunkt des jeweiligen Verfassers zu beachten: So war Giovanni Villani als Guelfe ein Anhänger der päpstlichen Politik.[18] Der unbekannte Verfasser der *Chronica Ludovici imperatoris quarti* war hingegen vermutlich ein Parteigänger des Kaisers und damit ghibellinisch gesinnt.[19]

2.1.1 Die *Nuova Chronica* von Giovanni Villani

Vor allem die *Nuova Chronica* Giovanni Villanis wird in der Literatur als wesentliche Quelle für den Ablauf der Kaiserkrönung Ludwigs herangezogen.

Der Guelfe Villani schreibt ausdrücklich, dass Ludwigs Krönung „secondo l'ordine dello 'mperio"[20] vor sich ging. Abgesehen von dem im antiken Brauch vorgesehenen Segen, der fehlenden Bestätigung des abwesenden Papstes und der Abwesenheit des sich aus Rom entfernten Pfalzgrafen des Lateran, dem die Aufgabe der Verwahrung der Kaiserkrone vor und nach der Krönung zuteil wurde, sei nach Villani kein Mangel anlässlich der Krönung feststellbar gewesen.[21] Ludwig habe im Angesicht der schwierigen Umstände den üblichen Krö-

---

[14] Vgl. Godthardt, Marsilius von Padua und der Romzug Ludwigs des Bayern, S. 238.
[15] Vgl. Thomas, Ludwig der Bayer (1282–1347), S. 206.
[16] Villani, Nuova Cronica libro undecimo.
[17] Chronica Ludovici imperatoris quarti.
[18] Vgl. Schneidmüller, Kaiser Ludwig IV. Imperiale Herrschaft und reichsfürstlicher Konsens, S. 378.
[19] Vgl. Schneidmüller, Kaiser Ludwig IV. Imperiale Herrschaft und reichsfürstlicher Konsens, S. 380 f.
[20] Villani, Nuova Cronica libro undecimo, S. 585.
[21] Vgl. Villani, Nuova Cronica libro undecimo, S. 585.

nungsordo bestmöglich befolgen wollen. Daher sei er mit Vertretern des römischen Volkes unter der Führung des „Capitano del popolo" Scierra Colonna am Sonntagmorgen den 17. Januar in die Kirche Sankt Peter eingezogen.[22]

Der um 1270 geborene Scierra (eigentlich Giacomo) Colonna, der sich durch das Attentat auf Papst Bonifaz VIII. vom September 1303 unauslöschlich in die Geschichte des mittelalterlichen Papsttums eingegraben hat, stand an der Spitze aller Kontakte römischer Adliger mit Ludwig ‚dem Bayern'. 1327 wurde Scierra zum „Capitano del popolo" gewählt und zog neben Teilen des Adels auch die städtische Miliz und die Popolaren auf seine Seite.[23] Der französische Papst Johannes XXII. residierte nicht mehr in Rom, sondern in Avignon. Aus Verärgerung und um den Papst zur Rückkehr nach Rom zu bewegen, lud das römische Volk Ludwig und seine Gemahlin in die „Ewige Stadt" ein, um dort die Kaiserkrone in Empfang zu nehmen. Am 7. Januar erreichte er Rom.[24]

Am 11. Januar 1328 präsidierte Colonna dem römischen Parlament, welches sich auf Befehl und in Gegenwart Ludwigs auf dem Kapitol versammelt hatte und diesen zu ihrem „nostro signore" und zum „re de' Romani" ausrief.[25]

Giovanni Villani erzeugte die Vorstellung, Ludwig sei ausschließlich durch das römische Volk gekrönt worden: „In questo modo fu coronato a imperadore e re de' Romani Ludovico detto Bavero per lo popolo di Roma".[26] Aufgrund der Schilderungen in der *Nuova Chronica* sowie infolge der bedeutenden Rolle Scierra Colonnas in der ersten Hälfte des 14. Jahrhunderts in der Stadt Rom, entstand die Vorstellung Scierras als Koronator. Beispielsweise schreibt der Historiker Martin Berg, Ludwig „der Bayer" habe durch die Hand Scierra Colonnas die Kaiserkrone empfangen.[27] Berg unterstützt diese Vermutung damit, dass Scierra Colonna dieser Akt einer „Laienkrönung" nichts Unbekanntes gewesen sei. Schon am Hofe König Friedrichs von Sizilien sei er Zeuge geworden, wie dieser sein Königtum auf dem Volkswillen begründet habe.[28] Auch nach Universitätsprofessor Roland Pauler haben Ludwig und seine Frau Magarethe die Kaiserkrone aus der Hand Scierra Colonnas empfangen. Unter Be-

---

[22] Vgl. Godthardt, Marsilius von Padua und der Romzug Ludwigs des Bayern, S. 243.
[23] Vgl. Schwarz, Abkehr vom päpstlichen Krönungsanspruch, S. 123-126.
[24] Vgl. Thomas, Ludwig der Bayer (1282–1347), S. 201-205.
[25] Villani, Nuova Cronica libro undecimo, S. 583.
[26] Villani, Nuova Cronica libro undecimo, S. 586.
[27] Vgl. Berg, Der Italienzug Ludwigs des Bayern, S. 170.
[28] Vgl. Berg, Der Italienzug Ludwigs des Bayern, S. 170.

rufung auf Giovanni Villani schreibt er, dass die Bischöfe von Aleria und Castello die Weihe und Salbung durchgeführt haben.[29]

Anhand folgender Formulierungen ist die Einstellung Villanis zu den Umständen der Krönung Ludwigs klar ersichtlich:

Villani bezeichnet die Krönung als „dispetto e onta"[30]. Ludwig habe ohne „reverenza"[31] vor der heiligen Kirche gehandelt und wird ausdrücklich als „dannato"[32] bezeichnet. Außerdem seien die an der Krönung beteiligten Bischöfe von Castello, Giacomo Alberti aus Prato, und von Aleria, Gherardo Orlandi aus Pisa, „sismatici e scomunicati"[33] gewesen. Villani war nicht kaiserfeindlich, wohl aber papstfreundlich gesinnt und somit aufgrund Ludwigs Konflikt mit der Kurie ein Gegner des Bayern. Pauler geht einen Schritt weiter und schreibt, dass die Zeremonie „des Kaisers Herrschaft über die Kirche zum Ausdruck"[34] gebracht habe. Nach Richard Moeller sei Ludwig „über alles Herkommen" hinausgegangen, „als er sich von Vertretern des römischen Volkes die Kaiserkrone aufs Haupt setzen ließ."[35]

2.1.2 Die *Chronica Ludovici imperatoris quarti*

Im Gegensatz hierzu steht der Bericht der deutlich kaiserfreundlich geprägten *Chronica Ludovici imperatoris quarti*[36] eines anonymen Verfassers.

Auch gemäß diesem Bericht wurden Ludwig und seine Gemahlin durch das römische Volk gekrönt. Während die *Nuova Chronica* des guelfischen Gegners Ludwigs Giovanni Villani vom „Primat der eigenen Geschichte" erfüllt war und Ludwig oft als lästigen Eindringling beschrieb, der glücklicherweise bald wieder ins Land seiner Väter zurückgedrängt wurde, entwarf die bayrische Vita aber eine konträre Erinnerungsgeschichte.[37]

Die Zustimmung der Römer sei von großem Ausmaß gewesen. Die Abwesenheit des Papstes wurde nicht einmal erwähnt. Dieser Mangel wird ausgeglichen mit der Schilderung eines Empfangs Ludwigs in Rom, der ähnlich dem Einzug Christi in Jerusalem dargestellt wird. Ludwigs Recht auf das Kaisertum wurde nicht etwa mit der Kaiserkrönung begründet, vielmehr habe Ludwig mit dieser feierlichen Krönung das erhalten, was ihm ohnehin zustand.[38]

---

[29] Pauler, Die deutschen Könige und Italien im 14. Jahrhundert, S. 155.
[30] Villani, Nuova Cronica libro undecimo, S. 586.
[31] Villani, Nuova Cronica libro undecimo, S. 586.
[32] Villani, Nuova Cronica libro undecimo, S. 586.
[33] Villani, Nuova Cronica libro undecimo, S. 586.
[34] Pauler, Die deutschen Könige und Italien im 14. Jahrhundert, S. 159.
[35] Moeller, Ludwig der Bayer und die Kurie im Kampf um das Reich, S. 56.
[36] Chronica Ludovici imperatoris quarti, S. 5-138.
[37] Vgl. Schneidmüller, Kaiser Ludwig IV. Imperiale Herrschaft und reichsfürstlicher Konsens, S. 381.
[38] Vgl. Godthardt, Marsilius von Padua und der Romzug Ludwigs des Bayern, S. 254.

Das römische Volk wurde angesichts der Kaiserkrönung Ludwigs als völlig außer sich beschrieben. Nach der Krönung sei jubiliert worden: „Hic est rex regum et dominus dominancium per universum mundum!"[39]

In diesen bayrischen Erinnerungen werden die römischen Ereignisse dramatisch verdichtet, um ihren Helden zu glorifizieren, der als sieggekrönter Kaiser ruhmbedeckt in sein Vaterland zurückkehrte.[40]

Eine aktive Rolle des römischen Volkes belegt außerdem eine Zeichnung in einer Handschrift des 15. Jahrhunderts aus Lucca, in welcher dargestellt wird, wie Scierra Colonna und Castruccio Castracane gemeinsam den Bayern krönten.[41] Weder in der *Nuova Chronica* noch in der *Chronica Ludovici imperatoris quarti* wird von einer gemeinsamen Krönung Colonnas und Castracanes berichtet.

2.2 Passive Rolle des römischen Volkes bei der Kaiserkrönung Ludwigs IV.

Verschiedene neuere Untersuchungen kommen zu dem Ergebnis, dass das römische Volk anlässlich der Kaiserkrönung Ludwigs ‚des Bayern' eher eine passive Rolle eingenommen habe.

2.2.1 Thesen von Thomas und Menzel

In einer ausführlichen Untersuchung aus dem Jahr 1993 stellte der Bonner Historiker Heinz Thomas die These auf, eine Kaiserkrönung Ludwigs sei nicht vom römischen Volk, sondern durch die beiden Bischöfe von Venedig (Castello) und Aleria vorgenommen worden.[42]

Nach Thomas habe Scierra Colonna lediglich das Amt des Pfalzgrafen des Lateran übernommen, der den künftigen Kaiser zur Weihe geleitete, die Krone immer dann in Verwahrung nahm, wenn der Kaiser sie nicht trug, und welcher während der Krönung dem Koronator, also einem der beiden Bischöfe, die Krone übergab. Seine Argumente sind folgende:

Der Pfalzgraf des Lateran sei bereits aufgrund der nahen Verbundenheit zum Papst vor der Ankunft des Bayern in der „Ewige[n] Stadt"[43] am 7. Januar 1328 mit anderen gleich gesinnten

---

[39] Chronica Ludovici imperatoris quarti, S. 131.
[40] Vgl. Schneidmüller, Kaiser Ludwig IV. Imperiale Herrschaft und reichsfürstlicher Konsens, S. 381.
[41] Machiavelli, Das Leben Castruccio Castracanis aus Lucca, S. 47.
[42] Thomas, Ludwig der Bayer (1282–1347), S. 206-209.
[43] Thomas, Ludwig der Bayer (1282–1347), S. 205.

Adligen „aus der Stadt gejagt"[44] worden, sodass sein Amt verwaist gewesen sei. Der Inhaber dieser Würde sei der Guelfe Benedetto Gaetani gewesen.[45]

Giovanni Villani habe berichtet, dass dem Herzog von Lucca, Castruccio Castracane, der entsprechende Pfalzgrafentitel vor der Krönung verliehen worden sei: „ [...] di fare conte del detto titolo Castruccio detto duca di Lucca."[46] Castruccio selbst habe allerdings in seinem Rundschreiben an die Fürsten Oberitaliens berichtet, dass er erst nachdem Ludwig gekrönt worden war zum Pfalzgrafen ernannt worden sei:

> „Corona vero suscepta princeps prefatus erga nos magnificencie sue manum aperiens de comitatu sacri Latarani placii nos et successores nostros imperpetuum insignivit, jure cuius dignitatis ipsum ad sanctamuncionem deduximus, suscipientes et tenentes imperiale diadema, quociens fuit de ipsius capite deponendum. Et sic perpetuo hoc ius eiusdem comitatus decrevit competere dignitati et sic in publico promulgavit."[47]

Sofern bleibt die Frage offen, wer das Amt des Pfalzgrafen bei der Kaiserkrönung ausübte. Nach Heinz Thomas nahm Scierra Colonna, der „Capitano del pulpo"[48], dieses Amt ein. Auch der Berliner Universitätsprofessor Michael Menzel vertritt die Auffassung, dass wahrscheinlich Scierra Colonna die Rolle des römischen Pfalzgrafen eingenommen habe. Scierra Colonna habe sich damit zur „Speerspitze eines vom Stadtadel getragenen Kaisertums"[49] gemacht.

Diese These von Thomas und Menzel wird durch das Schweigen der Kurie zu diesem Sachverhalt unterstützt: „In den späteren Prozessschriften des Papstes ist von einer Krönung des Bayern durch das Volk von Rom nie die Rede, obwohl in Avignon sonst alle Schandtaten des falschen Kaisers und seiner Komplizen mit peinlicher Sorgfalt registriert wurden."[50] Die Krönung eines mit der Exkommunikation belegten Königs durch einen mit der Exkommunikation belegten Laien im Rahmen einer geistlichen Weihehandlung wäre bestimmt nicht unerwähnt geblieben.

Thomas liefert keinen Hinweis auf laikale Beteiligte an der Kaiserkrönung Ludwig des Bayern. Er stellt hier lediglich die These auf, eine aktive Rolle des römischen Volkes bei der Kaiserkrönung sei ebenso irrtümlich angenommen worden wie die Rolle des alleinigen Koronators Scierra Colonna. Seine Argumente werden allerdings nicht anhand von Quellen belegt

---

[44] Thomas, Ludwig der Bayer (1282–1347), S. 204.
[45] Godthardt, Marsilius von Padua und der Romzug Ludwigs des Bayern, S. 245.
[46] Villani, Nuova Cronica libro undecimo, S. 585.
[47] MGH Const. 6/1, Nr. 383, S. 286.
[48] Thomas, Ludwig der Bayer (1282–1347), S. 204.
[49] Menzel, Die Zeit der Entwürfe 1273–1347, S. 172.
[50] Thomas, Ludwig der Bayer (1282–1347), S. 207.

und können daher lediglich eine Vermutung darstellen. Außerdem lässt Thomas die Frage, inwieweit die Kaiserkrönung sich an einen Kaiserkrönungsordo gehalten hatte, offen.

2.2.2 These von Godthardt

Zuletzt wurden die Quellen zu Ludwigs Kaiserkrönung am 17. Januar 1328 ausführlich in der Dissertation Frank Godthardts behandelt.[51]

Der größte Teil des Klerus von Rom habe die Stadt bei Ludwigs Ankunft am 7. Januar 1328 bereits verlassen gehabt, da Rom seitdem unter dem Interdikt des Papstes gelegen habe.[52] Godthardt vermutet den sogenannten Ordo XVII als wahrscheinliche Grundlage der Krönungshandlungen, welcher in einer ähnlichen Art als Grundlage für die Kaiserkrönung Heinrich VII. im Jahr 1312 und Karls IV. im Jahr 1355 gedient hatte. Natürlich habe dieser Ordo nicht exakt befolgt werden können, da der Papst der Krönung ferngeblieben sei. Godthardt sieht beispielsweise gewisse Gemeinsamkeiten im Krönungsort (St. Peter), in der Krönungszeit (am Sonntagmorgen) und in der Beteiligung von drei Konsekratoren. Das Zeremoniell sei kein staatsphilosophischer Akt, sondern ein antipäpstlicher Akt gewesen.[53]

In dem oben genannten Ordo stellten die drei ranghöchsten Kardinäle, die „suburbikarischen Kardinalbischöfe von Albano, Porto und Ostia"[54], die eigentlich zuständigen drei Konsekratoren dar. Diese Kardinalbischöfe seien aber aufgrund guter Beziehungen zum Papst ebenfalls der Krönung ferngeblieben.

Analog zu Villani und Thomas bestätigt Godthardt das Mitwirken von Giaccomo Alberti aus Prato, Bischof von Castello und Gherardo Orlandi aus Pisa, Bischof von Aleria.[55]

Nach Godthardt erscheint es kaum plausibel anzunehmen, dass Bonifazio della Gherardesca aus Pisa, Bischof von Chiron, nicht auch als dritter Konsekrator mitgewirkt habe. Er begründet diese These mit einer Analyse der Urkunden Ludwigs im letzten Drittel des Jahres 1327, in denen alle drei genannten Bischöfe als Zeugen in Ludwigs Urkunden erscheinen.

Einer der drei Konsekratoren, der Bischof von Castello, habe zudem die Salbung an Ludwig vollzogen und sei später zum Kardinalbischof von Ostia und Valletri ernannt worden, dem in

---

[51] Godthardt, Marsilius von Padua und der Romzug Ludwigs des Bayern, S. 236-311.
[52] Vgl. Godthardt, Marsilius von Padua und der Romzug Ludwigs des Bayern, S. 242.
[53] Vgl. Menzel, Die Zeit der Entwürfe 1273-1347, S. 172.
[54] Godthardt, Marsilius von Padua und der Romzug Ludwigs des Bayern, S. 241.
Siehe für eine knappe Zusammenfassung des Ordos XVII S. 240 f.
[55] Vgl. Godthardt, Marsilius von Padua und der Romzug Ludwigs des Bayern, S. 258-262.

den liturgischen Ordnungen traditionell das Recht zur Kaisersalbung zugestanden habe.[56] So habe man nachträglich jedes etwaige liturgische Defizit von Ludwigs Kaiserkrönung im Januar 1328 „[ge]heilt[…]"[57].

Dass diese herausragende sakrale Funktion ausgerechnet einem Neffen jenes Niccol Alberti aus Prato zufiel, der als Kardinalbischof von Ostia 1312 in Rom Ludwigs Vorgänger Heinrich VII. die Kaisersalbung verliehen hatte, kennzeichnet nach dem Heidelberger Universitätsprofessor für Mittelalterliche Geschichte Bernd Schneidmüller das Traditionsbewusstsein der kaiserlichen Partei.[58]

Frank Godthardt führt eine Reihe von Belegen für die Existenz von vier „Krönungssyndici des römischen Volkes" an, die die Rolle der Koronatoren übernommen haben.[59] Ludwig und seine Frau seien auf die „Akzeptanz der Römer"[60] angewiesen gewesen. Diese Vertreter des römischen Volkes stellten daher ein neues Element in einem Krönungsordo dar. Ähnlich wie hinsichtlich der drei Konsekratoren sei bei der Identifizierung eine Analyse der Urkunden Ludwigs von Nutzen gewesen. Allerdings handele es sich hierbei um nicht lange nach der Kaiserkrönung ausgestellte Urkunden. Beispielsweise seien in der Kaiserurkunde vom 15. Februar 1328, bei der Bestätigung der Ernennung Castruccio Castracanes zum Herzog von Lucca, vier Römer als Zeugen in einer abgesetzten Gruppe am Ende der Urkunde aufgeführt worden. Es habe sich um die Senatoren Sciarra Colonna und Giacomo Savelli sowie um den Stadtpräfekt Manfredi di Vico und Tibaldo von Sant'Eustachio gehandelt. Außerdem seien in dieser Urkunde die Bischöfe Giacomo Alberti und Bonifazio della Gherardesca als Zeugen aufgeführt. In dieser Kaiserurkunde seien also bis auf Bischof Gherardo Orlandi möglicherweise alle Konsekratoren und Koronatoren als Zeugen aufgeführt. Vielleicht habe Gherardo Orlandi nur deshalb gefehlt, weil er Rom bereits gemeinsam mit Castruccio Castracane verlassen habe, der am 1. Februar nach Pisa aufgebrochen sei. Die vier genannten laikalen Römer bildeten in Ludwigs Kaiserurkunden auch insofern eine „geschlossene Gruppe", da kein anderer Römer als Zeuge vorkomme. Andere laikale Zeugen seien ausnahmslos deutscher Herkunft gewesen.[61]

---

[56] Vgl. Godthardt, Marsilius von Padua und der Romzug Ludwigs des Bayern, S. 263. Bonifazio wurde am 24. September 1327, Giacomo und Gherardo am 17. November 1327 bei der Verleihung des Herzogtums Lucca an Castruccio als Zeugen angeführt.
[57] Schneidmüller, Kaiser Ludwig IV. Imperiale Herrschaft und reichsfürstlicher Konsens, S. 378.
[58] Schneidmüller, Kaiser Ludwig IV. Imperiale Herrschaft und reichsfürstlicher Konsens, S. 378.
[59] Godthardt, Marsilius von Padua und der Romzug Ludwigs des Bayern, S.264-270.
[60] Schneidmüller, Kaiser Ludwig IV. Imperiale Herrschaft und reichsfürstlicher Konsens, S. 378.
[61] Vgl. Godthardt, Marsilius von Padua und der Romzug Ludwigs des Bayern, S. 267 f.

Godthardt liefert auf die Frage, warum gerade diese vier Krönungssyndici ausgewählt wurden, folgende Antwort: „Die politische Bedeutung und Stellung gerade dieser vier Personen könnten es Ludwig geboten haben, sie bei der Kaiserkrönung zu honorieren."[62] Er stellt jedoch eine weitaus bemerkenswertere These auf, die die politische Idee Ludwigs einer „autonomen" Kaiserkrönung unterstützen würde: Die sieben Konsekratoren und Koronatoren seien an den Krönungshandlungen beteiligt gewesen und wiesen eine Parallele zum Kurfürstenkollegium auf, welches aus drei Erzbischöfen und vier Laienfürsten bestanden habe. Das Kaisertum mit all seinen Rechten beruhte allein auf der Wahl durch die Kurfürsten. Sie wählten den römischen Kaiser, nicht nur den römischen König. Die Kaiserkrönung sei vor allem ein Recht gewesen, welches Ludwig beansprucht und welches ihm aufgrund der Kurfürstenwahl zugestanden habe. Die Kaiserkrönung selbst sei der geeignete Anlass für Ludwig gewesen, symbolisch zu demonstrieren, dass sein Kaisertum allein durch die Wahl der Kurfürsten legitimiert sei.[63]

Aufgrund Godthardts ausführlicher Analyse der vorhandenen Quellen zu Ludwigs Kaiserkrönung muss die zum Teil vertretene Auffassung einer Krönung ausschließlich durch das römische Volk zu den historischen Irrtümern gezählt werden.

Giovanni Villani suggerierte dem Leser, dass Ludwigs doppelte Kaiserkrönung als „Säkularisierungsschub zugunsten eines römischen Volkskaisertums"[64] und als „unreflektierte spontane Reaktion eines verärgerten Bayern gegen den feindlichen Papst Johannes XXII. in Avignon"[65] begriffen werden müsse. Hingegen stellte die Kaiserkrönung vom Januar 1328, wie auch Bernd Schneidmüller nachvollziehbar erläutert, einen „zeitgemäßen Versuch zur Bändigung einer aktuellen Konfliktlage dar."[66]

Auf die Frage, warum Ludwig sich am 22. Mai 1328 nun zusätzlich noch von dem von ihm ernannten Gegenpapst Nikolaus V. zum Kaiser krönen ließ, können verschiedene Antworten gegeben werden. Pauler führt hierzu aus, Ludwig habe die „Volkskrönung" als Legitimation seines Kaisertums nicht genügt.[67] Daraus ließe sich der Schluss ziehen, Ludwig habe sich noch nicht vollständig als Kaiser gefühlt.

---

[62] Godthardt, Marsilius von Padua und der Romzug Ludwigs des Bayern, S. 269.
[63] Vgl. Godthardt, Marsilius von Padua und der Romzug Ludwigs des Bayern, S. 270.
[64] Schneidmüller, Kaiser Ludwig IV. Imperiale Herrschaft und reichsfürstlicher Konsens, S. 377.
[65] Schneidmüller, Kaiser Ludwig IV. Imperiale Herrschaft und reichsfürstlicher Konsens, S. 377.
[66] Schneidmüller, Kaiser Ludwig IV. Imperiale Herrschaft und reichsfürstlicher Konsens, S. 377.
[67] Vgl. Pauler, Die deutschen Könige und Italien im 14. Jahrhundert, S. 159.

Gemäß den neueren Studien von Godthardt kam dem Akt vom 22. Mai 1328 lediglich bekräftigende Bedeutung zu. Konstitutiv blieb Ludwigs Kaiserkrönung vom Januar 1328.[68] Schon Heinz Thomas charakterisiert das römische Volk als „konstitutive Basis".[69]

Welche Intention hinter der weiteren Kaiserkrönung am 22. Mai 1328 stand, ist heute nicht mit letzter Gewissheit feststellbar. Gegenüber der ersten Kaiserkrönung vom Januar 1328 wurden lediglich die Konsekratoren gesteigert: Zunächst war die Krönung von drei Bischöfen, dann zusätzlich von einem neuen Papst vorgenommen worden. Nach Schneidmüller betrachteten die Parteien des 14. Jahrhunderts, je nach Standpunkt (guelfisch oder ghibellinisch gesinnt), die Abfolge entweder als unerhörten Frevel oder als Mehrung des Ruhmes.[70] Nach Menzel unterstrich die erneute Kaiserkrönung lediglich die Rolle des Papstes als liturgisch zuständiger Koronator, nicht aber als Begründer des Kaisertums. Denn Kaiser war Ludwig schon seit dem Januar 1328.[71]

3. Schlussbetrachtungen

Spätestens seit der ausführlichen Analyse der Quellen von Ludwigs Kaiserkrönung in der Dissertation Frank Godthardts an der Universität Hamburg im Wintersemester 2007/2008 kann davon ausgegangen werden, dass die Rolle des römischen Volkes anlässlich der Kaiserkrönung Ludwigs IV. in der Forschung überschätzt wurde. Somit kann die (wohl eher von Ludwigs Feinden entworfene) Vorstellung einer Krönung ausschließlich durch das römische Volk zu den historischen Irrtümern gezählt werden.

Die Fährte hatte Giovanni Villani, ein guelfischer Gegner des Wittelsbachers, gelegt. Villani war nicht kaiserfeindlich, wohl aber papstfreundlich gesinnt und somit durch Ludwigs Konflikt mit der Kurie ein Gegner des Wittelsbachers. Er bezeichnet die Krönung als „dispetto e onta" und beschimpft Ludwig als „dannato".[72] Die falsche Fährte legte auch eine Miniatur des 15. Jahrhunderts aus Lucca, welche die Krönung ‚des Bayern' durch Castruccio Castracane und Sciarra Colonna zeigt.[73]

---

[68] Vgl. Schneidmüller, Kaiser Ludwig IV. Imperiale Herrschaft und reichsfürstlicher Konsens, S. 379.
[69] Thomas, Ludwig der Bayer (1282–1347), S. 208.
[70] Vgl. Schneidmüller, Kaiser Ludwig IV. Imperiale Herrschaft und reichsfürstlicher Konsens, S. 380.
[71] Vgl. Menzel, Die Zeit der Entwürfe 1273–1347, S. 174.
[72] Villani, Nuova Cronica libro undecimo, S. 586.
[73] Machiavelli, Das Leben Castruccio Castracanis aus Lucca, S. 47.

Tatsächlich griffen Ludwig IV. und seine Gemahlin Magarethe, die beide in weit höherem Maße auf die Akzeptanz der Römer angewiesen waren und deshalb aus deren Reihen vier Syndici in das Zeremoniell einbanden, nach ausführlicher Analyse Frank Godthardts beim kaiserlichen Weiheakt vom 17. Januar 1328 auf die drei Bischöfe von Castello, Aleria und Chiron zurück. Die „neuere Forschung" weist die „alte Vorstellung einer säkularen Krönung" ausschließlich durch das römische Volk oder durch Laien klar zurück.[74]

Ludwig gründete sein Recht auf das Kaisertum allein auf die Wahl durch die Kurfürsten. Die Ausübung der kaiserlichen Gewalt, die administratio imperii, war seiner Auffassung zufolge die unmittelbare Folge dieser Wahl, nicht jedoch der Titel eines Kaisers, den er nur durch die Kaiserkrönung erlangen konnte. Mit seiner Krönung in Rom ohne Papst demonstrierte er, dass sich auch die Kaiserwürde nicht auf den Papst gründete und nicht vom Papst legitimiert wurde. Nicht die Kaiserkrönung berechtigte Ludwig zum Kaisertum, sondern als gewählter Kaiser war er berechtigt, sich krönen zu lassen.[75] Seine Vorstellungen der wichtigsten politischen Grundsätze wurden bei seiner Kaiserkrönung erkennbar. Er fasste sie 1338 in seinem berühmten Gesetz mit den Anfangsworten „Licet iuris" zusammen und verleite damit seinen Vorstellungen legislativen Charakter:

„ […] postquam aliquis eligitur in imperatorem sive in regem ab electoribus imperii concorditer vel a maiori parte eorundem, statim ex sola electione est verus rex et imperator Romanorum consendus et nominandus, […] nec pape sive sedis apostolice aut alicuius alterius approbatione, confirmatione et auctoritate indiget vel consensu."[76]

---

[74] Schneidmüller, Kaiser Ludwig IV. Imperiale Herrschaft und reichsfürstlicher Konsens, S. 379.
[75] Vgl. Godthardt, Marsilius von Padua und der Romzug Ludwigs des Bayern, S. 310.
[76] Ludwig IV., Gesetz über das Kaisertum vom 6. August 1338 (Licet iuris), S. 292.

4. Quellen- und Literaturverzeichnis

4.1 Quellenverzeichnis

Castruccii encyclica in die coronationis scripta, in: MGH Constitutiones et acta publica imperatorum et regum (Bd. VI, 1): Inde ab anno MCCCXXV usque ad annum MCCCXXX (1325–1330), hg. von Jakob Schwalm (Hannover 1982).

Chronica Ludovici imperatoris quarti, in: Bayerische Chroniken des XIV. Jahrhunderts, ed. Georg Leidinger (MGH SS rer. Germ [19]; Hannover/Leipzig 1918), S. 5-138.

Ludwig IV. ,der Bayer', Gesetz über das Kaisertum vom 6. August 1338 (*Licet iuris*) ed. Lorenz Weinrich (Quellen zur Verfassungsgeschichte des Römisch-Deutschen Reiches im Spätmittelalter (1250–1500), Darmstadt 1983), S. 290-293.

Giovanni Villani, Nuova Cronica libro undecimo, cap. LIII-LVII (S. 580-587) ed. Giuseppe Porta (Bd. 2, Libri IX-XI, Parma 1991).

4.2 Literaturverzeichnis

Martin Berg, Der Italienzug Ludwigs des Bayern. Das Itinerar der Jahre 1327–1330, in: QFIAB 67 (1987), S. 142-197.

Frank Godthardt, Marsilius von Padua und der Romzug Ludwigs des Bayern. Politische Theorie und politisches Handeln (Nova Mediaevealia. Quellen und Studien zum europäischen Mittelalter 6, Diss. phil. Göttingen 2011).

Roland Pauler, Die deutschen Könige und Italien im 14. Jahrhundert. Von Heinrich VII. bis Karl IV. (Darmstadt 1997).

Niccolo Machiavelli, Das Leben Castruccio Castracanis aus Lucca, übers. u. hg. von Dirk Hoeges (München 1998).

Michael Menzel, Die Zeit der Entwürfe 1273–1347 (Gebhardt. Handbuch der deutschen Geschichte 7a, Stuttgart 2012).

Richard Moeller, Ludwig der Bayer und die Kurie im Kampf um das Reich (Historische Studien, Heft 116, Diss. phil. Berlin 1914).

Bernd Schneidmüller, Kaiser Ludwig IV. Imperiale Herrschaft und reichsfürstlicher Konsens, in: ZHF 40,3 (2013), S. 369-392.

Jörg Schwarz, Abkehr vom päpstlichen Krönungsanspruch. Die Kaiserkrönung Ludwigs des Bayern und der römische Adel, in: Ludwig der Bayer (1314–1347). Reich und Herrschaft im Wandel, hg. von Hubertus Seibert (Regensburg 2014), S. 119-146.

Heinz Thomas, Ludwig der Bayer (1282–1347). Kaiser und Ketzer (Regensburg u. a. 1993).